¿Qué puedes escribir en 30 días?

Toma tu lápiz y deja que tu corazón te guie

æ

Ana Evelin García Contreras

¿Qué puedes escribir en 30 días?

Autor: Ana Evelin García Contreras

Copyright © Ana Evelin García Contreras
Library of Congress Copyright Office
Washington, D.C.

Primera Edición en español 2019
ISBN:

Foto de portada: Ana Evelin García Contreras

Todos los derechos reservados. Impreso en Estados Unidos de América. Este libro no puede ser reproducido total ni parcialmente, ni registrado en o transmitido por un sistema de recuperación de información, en ninguna forma ni por ningún medio, ya sea electrónico, mecánico, por fotocopia, grabado o cualquier otro sin el permiso previo por escrito del editor.

Dedicado a:

Todos aquellos que siempre han creído en mi,

más que yo misma.

Agradecimiento

Agradezco a la vida por la posibilidad de hacer lo que me gusta y a ti por compartirlo conmigo.

INDICE

Introducción

Día #1: Hoy agradezco 11
Día #2: Mi mayor tesoro, mi don 13
Día #3: Mi fortaleza 15
Día #4: ¿Quién soy? 17
Día #5: A mi alrededor 20
Día #6: Personas 22
Día #7: Lugares 25
Día #8: Lo que me importa 27
Día #9: Mi filosofía de vida 29
Día #10: Algo tonto 30
Día #11: Algo profundo 32
Día #12: Mi credo 33
Día #13: ¿Qué día es hoy? 35
Día #14: Momento trascendental 36
Día #15: La sociedad y yo 37
Día #16: Una fotografía 39
Día #17: Desapego 42
Día #18: Mis fechas especiales 44
Día #19: ¿Por qué...? 47
Día #20: Mi poema preferido 50
Día #21: Mi legado 52
Día #22: Mi niñez 54
Día #23: Si yo fuera un personaje de cuento 56
Día #24: Me encanta mi... 58
Día #25: Me miro al espejo y veo 60
Día #26: Lo que doy / lo que espero 62

Día #27: El camino 63
Día #28: Lo aprendido 65
Día #29: Lo que quiero dejar 67
Día #30: Lo que vuelvo a agradecer 68

Introducción

En mi afán de promover la escritura, te entrego este libro con ideas para animarte a escribir por 30 días. Tú eliges cuándo y cómo hacerlo. No necesitas seguir la secuencia de los días. La idea es elegir el tema del día para el cual te sientas inspirado en ese momento. Cada día es un tema distinto en donde al final haces una reflexión basada en lo que te ha provocado escribir sobre ese tema.

Es tu libro y lo vas a escribir como mejor te parezca.

Gracias por haberlo elegido para ser parte de tu biblioteca personal.

Ana Evelin Garcia C.

Día 1: Hoy agradezco

El agradecimiento, en mi opinión, debería ser parte de nuestro día a día. Por esa razón he querido empezar por aquí.

Cierra los ojos y piensa por un instante en el momento en que te despertaste hoy. ¿Qué fue lo primero que viste y escuchaste? Recuerda esa primera respiración profunda seguida de un movimiento de tu pecho, tus hombros, y tu cabeza alzándose hacia el cielo. Un nuevo día, una nueva oportunidad para vivir. Una hoja en blanco en la cual escribir. Así que, por qué no aprovechar esa oportunidad de la mejor manera, es decir, escribiendo un hermoso y sentido agradecimiento.

Hoy agradezco por...

(Por tu propia persona, salud, familia, trabajo, amistades, posesiones, etc.)

_____

_____

_____

_____

_____

_____

_____

_____

_____

_____

_____

_____

_____

_____

Día 2: Mi mayor tesoro, mi don

Todos tenemos algo valioso dentro de nosotros. En mi caso, considero que mi mayor tesoro es el don que la vida me ha dado de poder expresarme a través de la palabra escrita y por eso mi deseo de compartirlo con todo el mundo.

Piensa qué es lo que te hace especial y de qué manera te gustaría compartir con los demás ese don.

Mi don:_____

Se manifiesta cuando...

_____
_____
_____

Quiero compartirlo con...

_____
_____
_____

¿Qué satisfacciones me ha traído?

_____
_____
_____
_____
_____
_____
_____
_____
_____
_____
_____
_____
_____
_____

Reflexión del día:

_____
_____
_____

Día #3: Mi fortaleza

Hay algo o alguien que nos mueve a seguir adelante, que no nos deja desfallecer.

¿Qué o quién es ese algo que te hace levantar por las mañanas y decir aquí estoy para continuar siendo fuerte, para superar retos, para seguir viviendo?

_____
_____
_____

¿Por qué es tan importante?

_____
_____
_____
_____
_____
_____
_____

¿Qué te hace sentir?

_____
_____
_____
_____

¿Qué estarías dispuesto a hacer por ese algo o alguien?

_____
_____
_____
_____
_____
_____
_____

Reflexión del día:

_____
_____
_____

Día #4: ¿Quién soy?

Cada vez que nos preguntan ¿Quién eres? Nuestra primera respuesta es decir nuestro nombre y eso realmente no define quienes somos. Por eso, en este apartado te invito a reflexionar sobre quién eres y que contestes a la pregunta con tantas respuestas como sea posible. Es más, te sugiero que programes el cronómetro de tu teléfono en 30 segundos, te hagas la pregunta mentalmente y la contestes la cantidad de veces que puedas en ese lapso de tiempo. (Puedes hacerlo con tu voz o mejor aún, escribiendo la respuesta) Intenta no repetir la respuesta y no te des tiempo de pensarlo mucho. Puedes iniciar tu respuesta con "Soy..."

¿Quién eres?:

_____
_____
_____
_____

¿Quién eres?:

_____
_____
_____
_____
_____

¿Quién eres?:

_____
_____
_____
_____
_____

¿Quién eres?:

_____
_____
_____
_____
_____

¿Quién eres?:

_____
_____
_____
_____
_____

(Puedes utilizar papel adicional, si así lo requieres)

Reflexión del día:

_____
_____
_____
_____
_____

Día #5: A mi alrededor

Este es el día de observar. Mira detenidamente todo lo que hay a tu alrededor. Puedes hacerlo desde el lugar en que te encuentras en este momento o buscar un espacio que te sea agradable e interesante.

¿Qué lugar es? ¿Es exterior o interior?

_____
_____
_____
_____

¿Qué ves? Intenta no perder ningún detalle.

¿Cómo es el espacio, los colores, los aromas, las texturas?

_____
_____
_____
_____
_____
_____

_____
_____
_____
_____
_____
_____
_____
_____

Reflexión del día:
_____
_____
_____
_____
_____

Día #6: Personas

De todas las personas de tu vida elige 5 que consideras que han aportado algo importante para tu crecimiento (espiritual, emocional, etc.).

Nombre:_____
Aporte:_____
_____
_____
_____
_____
_____

Nombre:_____
Aporte:_____
_____
_____
_____
_____
_____

Nombre:_____
Aporte:_____
_____
_____
_____
_____

Nombre:_____
Aporte:_____
_____
_____
_____
_____
_____

Nombre:_____
Aporte:_____
_____
_____
_____
_____
_____

Reflexión del día:

_____

_____

_____

_____

Día #7: Lugares

Hay lugares que tienen magia para nosotros, ya sea porque los hemos visitado, porque los queremos visitar, porque nos lo han contado. No importa la razón. Elige el que más impacto tenga en ti, expresa el por qué y qué harías si estuvieras ahí en este momento.

Lugar:

_____

¿Qué te provoca?

_____
_____
_____
_____
_____
_____
_____
_____
_____

¿Qué harías si estuvieras ahí en este instante?

_____
_____
_____
_____
_____
_____
_____
_____
_____

Reflexión del día:

_____
_____
_____
_____
_____

Día #8: Lo que me importa

Cada etapa en la vida tiene sus prioridades, sus razones, sus retos y demás. En la niñez una cosa importante es "*qué vamos a jugar hoy*" y a medida que vamos creciendo, esas prioridades van cambiando.

Te invito a que reflexiones y escribas, qué es lo más importante para ti en este preciso instante, en este momento de tu vida y bajo las actuales circunstancias.

_____

_____

_____

_____

_____

_____

_____

_____

_____

_____

Reflexión del día:

Día #9: Mi filosofía de vida

Esas pautas que te hacen ser la persona que eres y desenvolverte a tu manera en la sociedad, si las tuvieras que describir, ¿cómo lo harías?

_____
_____
_____
_____
_____
_____
_____
_____

Reflexión del día:

_____
_____
_____
_____
_____

Día #10: Algo tonto

¿Qué es ese algo que has dicho o hecho, que no le has contado a nadie, que fue un poquito vergonzoso pero a la vez no te molestaría que lo supieran porque fue muy divertido?

_____
_____
_____
_____
_____
_____
_____
_____
_____
_____
_____
_____
_____
_____

_____
_____
_____
_____
_____

Reflexión del día:
_____
_____
_____
_____
_____

Día #11: Algo profundo

Ese pensamiento que te sorprende súbitamente, te pone a todo el universo en perspectiva y te hace reflexionar cual filósofo sobre la vida. Te invito a escribirlo a continuación.

_____
_____
_____
_____
_____
_____
_____
_____
_____

Reflexión del día:

_____
_____
_____

Día #12: Mi credo

Escribe ¿Por qué? ¿Cómo? y ¿cuándo? crees en ti.

Aquí un ejemplo:

Creo en mí porque me conozco en lo profundo.
Creo en mí como el ave que se lanza en su primer vuelo.
Creo en mí cuando al verme al espejo reconozco al ser que soy
.

Creo en mí porque...

_____
_____
_____
_____
_____
_____

Creo en mí como...

_____
_____
_____
_____
_____

Creo en mí cuando...

_____
_____
_____
_____
_____
_____

Reflexión del día:

_____
_____
_____
_____
_____

Día #13: ¿Qué día es hoy?

Escribe qué tres cosas vas a hacer que pasen para ti este día.

Hoy es día de...

_____
_____
_____

_____
_____
_____

_____
_____
_____

Reflexión del día:

_____
_____
_____
_____

Día #14: Momento trascendental

¿Cuál fue ese momento que marcó un antes y un después en tu vida? Puedes describirlo en las siguientes líneas.

_____
_____
_____
_____
_____
_____
_____
_____
_____
_____

Reflexión del día:
_____
_____
_____

Día #15: La sociedad y yo

En estos momentos tan "convulsionados", qué reflexiones llegan a tu mente sobre:

La vida tan acelerada que estamos viviendo:

_____
_____
_____
_____
_____
_____

Los efectos de la tecnología en la sociedad:

_____
_____
_____
_____
_____
_____
_____
_____
_____

Los cambios climáticos actuales:

_____

_____

_____

_____

Las ciudades y sus costumbres, ¿cómo han cambiado?

_____

_____

_____

_____

_____

Reflexión del día:

_____

_____

_____

_____

Día #16: Una fotografía

Elije una fotografía y pégala en el recuadro. Puede ser tuya, familiar, de amigos, de lugares, etc. Elije la que te guste o llame tu atención.

Ahora detente a observarla y escribe...
¿Por qué la elegiste?

_____
_____
_____
_____
_____

Descríbela con la mayor cantidad de detalles que te sea posible. Recuerda que incluir detalles como: colores, objetos observados, texturas, incluso imaginar lo que estaba pasando con sonidos y todo lo que venga a tu mente.

Haz tu descripción a continuación:

_____
_____
_____
_____
_____
_____
_____
_____
_____
_____
_____
_____
_____
_____

Reflexión del día:

Día #17: Desapego

¿Te ha tocado desapegarte de algo de lo cual pensabas que nunca te ibas a deshacer?

¿Qué ha sido?

_____
_____

¿Cómo lo lograste?

_____
_____
_____
_____
_____
_____
_____
_____
_____
_____
_____

¿Cómo te sientes ahora al respecto?

_____

_____

_____

_____

_____

_____

Reflexión del día:

_____

_____

_____

_____

_____

Día #18: Mis fechas especiales

En este apartado tienes la oportunidad de escribir todas esas fechas que para ti tienen un significado especial.

Fecha: _____

¿Qué ocurrió?

_____
_____
_____
_____

¿Qué ha significado?

_____
_____
_____
_____

Fecha: _____

¿Qué ocurrió?

_____
_____

¿Qué ha significado?

Fecha: _____
¿Qué ocurrió?

¿Qué ha significado?

Fecha: _____
¿Qué ocurrió?

_____
_____
_____

¿Qué ha significado?

_____
_____
_____

Reflexión del día:

_____
_____
_____
_____

Día #19: ¿Por qué?

Busca tus "¿Por qué's?" e intenta contestarlos.

Aquí unos ejemplos:

- ¿Por qué estoy aquí?
- ¿Por qué en este tiempo y espacio?
- ¿Por qué existe el universo?
- ¿Por qué el horizonte es una línea?
- ¿Por qué si? ¿Por qué no?
- ¿Por qué yo? ¿Por qué tu?
- ¿Por qué el cambio climático?
- Etc.

¿Por qué_____?

Tu respuesta:

_____
_____
_____
_____

¿Por qué_____?

Tu respuesta:

_____
_____

_____

_____

¿Por qué_____?

Tu respuesta:

_____

_____

_____

_____

¿Por qué_____?

Tu respuesta:

_____

_____

_____

_____

¿Por qué_____?

Tu respuesta:

_____

_____

_____

_____

¿Por qué_____?

Tu respuesta:

_____

_____

_____

_____

_____

Reflexión del día:

_____

_____

_____

_____

_____

Día #20: Mi poema preferido

La mayoría de nosotros tiene un poema preferido, ya sea porque nos lo enseñaron en la niñez o porque somos amantes de la poesía o por cualquier otra razón. A continuación puedes compartir un par de estrofas del tuyo.

_____

(Título y Autor)

¿Por qué es especial?

_____
_____
_____
_____
_____

¿Cuál es tu frase favorita?

_____
_____

¿Qué le agregarías?

_____
_____
_____

Reflexión del día:

_____
_____
_____
_____

Día #21: Mi legado

¿Qué te gustaría dejar a las generaciones futuras?

Algo material:

_____
_____
_____
_____
_____

Algo inmaterial:

_____
_____
_____
_____
_____
_____
_____
_____

¿Cómo te gustaría que te recordaran?

_____
_____
_____
_____
_____
_____
_____
_____

Reflexión del día:

_____
_____
_____
_____
_____

Día #22: Mi niñez

La niñez, esa bendita etapa en donde no te importa nada más que jugar y ser feliz.

¿Cómo dirías que fue tu niñez, si la tuvieras que contar en unas pocas líneas?

_____
_____
_____
_____
_____
_____
_____
_____
_____
_____
_____
_____
_____
_____

Algo que te marcó:

_____
_____
_____

Tu lugar favorito:

_____
_____

Tu persona favorita:

_____
_____

Algo que quisieras volver a vivir:

_____
_____
_____

Reflexión del día:

_____
_____
_____

Día #23: Si yo fuera un personaje de cuento

¿De tu cuento favorito, qué personaje te ha hecho ilusión ser toda la vida?

_____

_____

¿Por qué?

_____

_____

_____

_____

¿Hay algo que tú harías diferente?

_____

_____

_____

_____

_____

_____

¿Tendrías algún poder? y si es así, ¿para qué lo usarías?

_____
_____
_____
_____
_____
_____
_____

Reflexión del día:

_____
_____
_____
_____
_____
_____

Día #24: Me encanta mi...

Tú eres una persona especial solo por ser tú. En ninguna parte del mundo hay otra persona igual a ti, nadie podría haber hecho tu papel tan perfecto como lo haces tú día a día.

Si en este momento te observas al espejo, ¿Qué ves? ¿Qué te encanta de ti físicamente?

Me encanta mi...

_____

_____

_____

_____

_____

_____

_____

_____

_____

¿Si cierras los ojos y piensas en tu forma de ser, que te gusta?

Me encanta que soy...

_____
_____
_____
_____
_____
_____
_____
_____

Reflexión del día:

_____
_____
_____
_____

Día #25: Me miro en el espejo y veo...

Vamos un poco más profundo y con mucha concentración parado frente al espejo mira fijamente a tus ojos...

¿Qué ves?

_____
_____
_____
_____

¿Qué emoción reflejan tus ojos en este momento?

_____
_____
_____

¿A qué se debe esa emoción?

_____
_____
_____
_____

¿Con quién la compartirías?

_____

_____

¿Como la compartirías? (Por teléfono, por escrito, personalmente)

_____

_____

¿Qué efecto causa en ti compartirla?

_____

_____

_____

Reflexión del día:

_____

_____

_____

_____

_____

Día #26: Lo que doy/lo que espero

¿Eres de las personas que le gusta compartir sin esperar nada a cambio? ¿O eres de las que se molesta si no le dan ni las gracias?

¿Cuenta un poco de cuál de las dos eres?

_____
_____
_____
_____
_____
_____
_____
_____
_____
_____

Reflexión del día:

_____
_____

Día #27: El camino

¿Cómo ha sido tu camino por la vida?

_____
_____
_____
_____
_____

¿Quién ha estado a tu lado siempre en ese camino?

_____
_____
_____

Algunos tropiezos que puedas contar:

_____
_____
_____
_____
_____
_____
_____

El mayor reto superado:

_____
_____
_____
_____
_____

¿A dónde esperas llegar?

_____
_____
_____
_____
_____
_____

Reflexión del día:

_____
_____
_____
_____

Día #28: Lo aprendido

A través de los años, de las personas y de las circunstancias que nos toca vivir es como adquirimos nuestro aprendizaje.

¿Qué te ha enseñado...?

El tiempo:

_____
_____
_____
_____
_____
_____

Esa persona que está ahora en tu mente:

_____
_____
_____
_____
_____
_____
_____

Las circunstancias:

_____
_____
_____
_____
_____
_____

Reflexión del día:

_____
_____
_____
_____

Día #29: Lo que quiero dejar

Escribiendo por 29 días, he aprendido que:

_____

_____

_____

_____

_____

Y me gustaría que ese aprendizaje me permitiera ayudar a otros a...

_____

_____

_____

_____

_____

Reflexión del día:

_____

_____

_____

_____

Día #30: Lo que vuelvo a agradecer

Agradecer es llenar el espíritu, es respirar con libertad, es ser empático con los demás. Agradecer es ser abundante y compartir esa abundancia. Agradecer lo es todo.

¿Qué es algo que agradeces a diario?

_____
_____
_____
_____
_____
_____
_____

Reflexión final:

_____
_____
_____
_____

NOTAS ADICIONALES

¡BRAVO!

¡LO LOGRASTE!

www.ingramcontent.com/pod-product-compliance
Lightning Source LLC
Chambersburg PA
CBHW051702040426
42446CB00009B/1262